AF509339

VRETS D'ENCOURAGEMENT

AU TRAVAIL

ET A LA VERTU.

ALBERT ET LÉONARD.

LILLE.

L. LEFORT, IMPRIMEUR-LIBRAIRE.

PARIS.

Ad. Leclère et C.ie, imp.-lib, | Isidore Pesron, libraire,
rue Cassette, 29. | rue Pavée, 13.

ALBERT ET LÉONARD,

OU

L'IMPRUDENCE D'UN PÈRE.

On retire de cette carrière les deux infortunés tout couverts de sang et herriblement mutilés.

ALBERT ET LÉONARD

OU

L'IMPRUDENCE D'UN PÈRE.

« HATEZ-VOUS , le temps fuit , et la mort vient sans qu'on y pense ! »

Ainsi s'exprimait souvent le vénérable curé du village de Lormel , du haut de la modeste chaire où depuis vingt ans il enseignait à ses paroissiens les vérités de la religion. Et sa parole ne tombait pas en vain parmi les gens simples qui l'écoutaient, parce qu'il avait su , par ses leçons et plus encore par son exemple, les former à la vertu. Aussi Dieu semblait bénir le pasteur et le troupeau. Il n'y avait pas à dix lieues à la ronde de plus belles terres et de plus abondantes moissons qu'à Lormel, pas de villageois plus heureux que les habitants de Lormel : la perfection morale et le bien-être matériel ont une liaison si étroite ! Il eût été difficile de trouver également un homme plus vénéré et plus chéri que le vieux curé de Lormel. Ses conseils étaient toujours accueillis avec respect et reconnaissance, et si par hasard quelqu'indifférent refusait de prêter l'oreille à ses exhortations, ou répondait : « Je ne dis pas du tout que vous ayez tort, mais ça ne presse pas, j'ai bien le temps !... » Le vieux pasteur lui répétait doucement et d'un ton plein de tristesse et de reproche : « Hâtez-vous, le temps fuit, et la mort vient sans qu'on y pense. »

A côté du presbytère, se trouvait une jolie petite maison habitée par une famille respectable, au sein de laquelle le curé de Lormel avait toujours été accueilli comme un père. C'étaient d'anciens négociants que des spéculations malheureuses avaient presque ruinés ; ils s'étaient retirés dans ce village où ils possédaient quelques terres , dont les produits suffisaient à leurs besoins et à ceux de leurs enfants. M. Brémont s'occupait lui-même de l'éducation de son fils Léonard , alors âgé de 15 ans , tandis que sa femme veillait à celle d'une fille plus jeune de quelques années. Le bon curé les aidait dans une tâche aussi douce. Il avait de bonne heure étudié le caractère de Léonard et il disait souvent à ses parents : « Votre fils est un excellent jeune homme , il n'a point de défauts ; mais son imagination est un peu vive et mobile , et il lui manque cette force de caractère indispensable pour traverser impunément les années qui le séparent de l'âge mûr. La jeunesse est une époque critique pour l'homme , parce qu'alors des passions de toute espèce assiégent son cœur, et pour leur résister , il a besoin d'une vigueur que bien souvent il ne trouve pas en lui-même..... »

A ces observations que la sage prévoyance du vieux pasteur et son expérience de la vie lui suggéraient , le père et la mère de Léonard répondaient tranquillement : « Oh ! nous n'avons rien à craindre , notre fils a puisé de trop bons principes pour s'écarter jamais du chemin de la vertu.

— Sans doute , nos leçons ne seront point sans résultat ;.... mais notre tâche n'est pas encore accomplie :.... le plus difficile nous reste à faire.... Ne vous abandonnez pas à une confiance excessive...... Prenez-y garde , l'aveuglement des pères et mères est plus dangereux pour leurs enfants que les passions qui les menacent.... »

Mais M. et Mme Brémont attachaient peu d'importance aux alarmes du vieux curé , qu'ils taxaient de chimères. Comment croire en effet que la vertu de leur fils courût quelques dangers, au milieu d'un village tranquille et retiré, où les séductions du luxe et du plaisir manquaient totalement ; parmi des gens simples et tout occupés de la culture de leurs terres ; sous les yeux de ses parents, et avec les leçons de sagesse qu'ils avaient gravées dans son cœur ? Toutes ces considérations entretenaient leur sécurité ; aussi accordaient-ils beaucoup de liberté à Léonard, qui n'en profitait que pour faire des promenades dans la campagne ou quelques excursions dans les bois, où il allait recueillir des plantes, car il aimait la botanique.

Albert Durand, fils d'un riche laboureur de Lormel, avait partagé avec Léonard les soins et les leçons du bon curé. L'habitude et la nécessité, plus encore la conformité de goûts, avaient formé entre les deux jeunes gens une liaison fort étroite, que le temps resserrait davantage : on les voyait souvent ensemble. Mais, à cet égard, les parents de Léonard non plus que le pasteur n'avaient rien à craindre, car l'heureux naturel d'Albert et son éducation pieuse prévenaient toute espèce de défiance.

Les deux jeunes gens parvinrent à leur dix-huitième année, sans qu'aucun évènement remarquable eût signalé le cours de leur vie tranquille et innocente. Déjà ils avaient renoncé depuis longtemps aux plaisirs de leur âge, pour se livrer à des occupations plus sérieuses et capables de les introduire insensiblement dans la carrière qu'ils étaient destinés à parcourir. Exempts d'ambition, ils ne voyaient rien au delà de leur village et de leur famille, et aucun regret du passé ne les tourmentait pour l'avenir.

Il n'en était pas ainsi de la mère de Léonard. Souvent, à la vue de son fils couvert d'une blouse de villageois, les mains calleuses et le visage brûlé du soleil, elle jetait malgré elle un regard en arrière , et se disait avec amertume : « Hélas ! si nous avions conservé notre fortune , mon Léonard aurait reçu une éducation brillante ; il serait devenu avocat ou médecin , il occuperait une position dans le monde ,.... tandis que maintenant !..... » Et un profond soupir étouffait le reste de sa pensée. Mais M. Brémont , qui connaissait la cause du chagrin de sa femme , lui disait : « Aimerais-tu mieux voir notre fils exposé aux embûches et aux séductions de toute espèce que le monde aime à dresser à l'inexpérience ?..... Oh ! non : ne regrettons pas la fortune : le bonheur l'accompagne si rarement ! Notre véritable félicité sur la terre est dans la vertu. Dieu , que les hommes dans leur folie accusent si souvent d'injustice , a réparti également les biens et les maux. Aux uns il donne l'opulence , le pouvoir , et aux autres la paix du cœur. Il nous a permis de passer le reste de nos jours dans le calme de l'innocence , et d'élever nos enfants dans des sentiments de vertu et de piété : pouvons-nous nous plaindre du lot qui nous est échu ? »

Albert avait un oncle établi à Paris depuis vingt ans , et qui avait fait dans le commerce une fortune assez brillante. Il n'avait point d'enfants , et plusieurs fois dans ses lettres il avait témoigné le désir de voir son neveu. Retenu par ses affaires , il ne pouvait lui-même s'éloigner de Paris. Jusqu'alors le père d'Albert , docile aux sages conseils du curé de Lormel , avait refusé de laisser partir son fils pour Paris , sous prétexte qu'il était trop jeune. Maintenant ce motif n'existait plus , et l'on ne pouvait sans inconvénient résister aux sollicitations d'un parent dont Albert était l'héritier. M. Durand , longtemps partagé entre la crainte de nuire aux intérêts de son fils , ou de l'exposer aux périls de la corruption , perdit toute son inquiétude en le voyant arrivé à un âge où il semblait qu'avec ses principes le contact du monde devait lui être moins dangereux. Dès ce moment son départ fut résolu. En vain le vieux curé, qui ne manquait pas toutes les semaines de visiter ses paroissiens, voulut-il lui exposer l'imprudence d'une semblable démarche ; en vain il lui peignit sous les couleurs les plus sombres les piéges nombreux qu'Albert allait rencontrer sous ses pas, et auxquels il lui serait bien difficile d'échapper ; il avait affaire à un homme prévenu, et qui, malgré ses vertus, tenait encore trop aux biens du monde pour abandonner sans regret l'espérance d'un avenir brillant pour son fils.

« Écoutez-moi, M. Durand, dit le curé, vous êtes sans doute convaincu que je vous parle dans votre intérêt. Je vous le répète une dernière fois. Il vaudrait beaucoup mieux pour Albert qu'il perdît l'héritage de son oncle, que de s'exposer à la perte d'un bien mille fois plus précieux, celle de son innocence. Les richesses temporelles ne durent qu'un moment , mais la récompense de la vertu est éternelle. »

Malgré toute sa déférence pour son pas-teur , M. Durand persista dans la résolution qu'il avait prise.

Albert partit avec un négociant de la ville voisine , qui allait à Paris , et que son père connaissait pour un honnête homme. Il eut quelque peine à se séparer de sa famille et de son ami Léonard ; mais l'espérance du plaisir qui l'attendait modéra sa douleur , et la certitude de revenir bientôt adoucit l'amertume de ses regrets , en quittant pour la première fois le village qui l'avait vu naître.

Cependant son absence se prolongea beau-coup plus qu'on ne l'avait pensé. Six mois s'écoulèrent , et il fallut que M. Durand écrivît plusieurs lettres pour obtenir le re-tour de son fils. S'il avait pu se passer de lui , il ne l'aurait point rappelé ; mais il commençait à se faire vieux , et il pouvait à peine présider aux travaux de la ferme. Quel que fût son désir de voir Albert dans l'opulence , il n'était pas encore aveuglé au point de se dissimuler que les spéculations de son frère étaient chanceuses , que la fortune pouvait se lasser de le favoriser , et qu'en tout cas l'exploitation de sa ferme était une garantie plus solide pour l'avenir de son fils que la perspective d'un héritage incertain.

Albert céda enfin aux vœux de son père et revint à Lormel.

L'absence prolongée du seul ami qui partageât ses amusements avait répandu dans l'âme de Léonard le premier chagrin qu'il eût jamais ressenti. Bien des fois il se prenait à soupirer au milieu de ses occupations champêtres ou de ses promenades solitaires. Il ne pouvait se rendre compte des sentiments qui l'agitaient ; mais une pensée vague lui rendait insupportable la vie paisible qu'il avait menée jusque-là , et son imagination lui retraçait sous les plus riantes couleurs les plaisirs que son ami devait goûter au sein d'une ville immense dont tout le monde parlait avec admiration.

Le retour de son ami dissipa sa tristesse, et les deux jeunes gens redevinrent plus inséparables que jamais.

Il s'était accompli dans les manières et le langage d'Albert un changement remarquable. Ce n'était plus le villageois timide et embarrassé, osant à peine parler devant quelqu'un. Il avait de l'aisance et de l'aplomb et soutenait sans peine une conversation. Il savait se présenter assez bien, et il portait le mieux du monde des vêtements à la mode et beaucoup trop élégants pour le village. Mais, sur l'ordre de son père, il lui fallut mettre de côté tout ce luxe inutile et reprendre la modeste blouse, ce qu'il ne fit pas sans pousser plus d'un soupir.

Cependant il ne paraissait pas que les bons principes d'Albert eussent éprouvé quelque atteinte : et si parfois une parole légère et inconséquente sortait de sa bouche, jamais sa conduite ne donnait lieu au plus léger reproche. Il remplissait ses devoirs religieux avec exactitude , et si ce n'était la distraction de ses regards dans le lieu saint, lorsqu'il était sûr de n'être pas observé , il montrait autant de piété qu'avant son voyage. Mais peut-être tout cela n'était-il qu'une vaine apparence. La dissimulation est si souvent l'apanage du vice.

Le curé de Lormel n'avait pas vu sans inquiétude les changements qu'une absence de six mois avait opérés dans le fils de M. Durand. Sa vieille expérience avait tremblé pour un jeune homme si peu en état de résister aux séductions d'une grande ville. Observateur profond , il se laissait prendre rarement aux apparences. Il savait tirer des conséquences d'un regard ou d'un mot qui , pour des esprits moins attentifs , n'auraient eu aucun sens. Plus d'une fois il s'était dit

en lui-même : « Dieu veuille que mes pres-
sentiments ne se réalisent pas , mais j'ai
bien peur que ce voyage ne lui ait été
fatal ! »

On conçoit sans peine que le vénérable
curé ne garda pas ses alarmes dans le fond
de son cœur. Ce n'était rien pour lui que
de prévoir le mal , il fallait y remédier. Il
eut un entretien avec les parents d'Albert et
de Léonard. Aux uns et aux autres il com-
muniqua les pensées qui l'agitaient , mais
sans aucun avantage.

« N'est-ce que cela ? lui répondit-on......
Quoi ! parce qu'Albert est moins gauche
qu'avant son voyage , parcequ'il a de
belles manières !...... Il me semble que
loin de perdre , il a gagné !...... Ne va-t-il
pas régulièrement à l'église ?..... est - il
moins soumis , moins respectueux qu'autrefois ? »

Le curé vit bien que sa démarche était
inutile , et il gémit intérieurement d'une

confiance aussi téméraire. « Je conçois , se disait-il , que mes craintes leur paraissent chimériques. Ils ne voient rien dans la conduite d'Albert qui puisse les justifier. Il leur faut des preuves plus certaines que mes prévisions. Bientôt sans doute ils seront forcés de me croire.... mais alors peut-être il ne sera plus temps. »

Le bon curé n'était pas homme à se décourager facilement ; il redoubla ses instances , et parvint enfin à jeter quelque inquiétude dans l'âme de M. Brémont qui , plus instruit que son voisin , et ayant plus d'expérience des dangers du monde , comprenait plus facilement les raisons du pasteur. Il résolut de surveiller son fils. Un jour qu'il le vit revenir tout échauffé de sa promenade , il lui fit de tendres reproches sur les risques que sa santé pouvait courir, s'il ne prenait pas plus de précautions , et lui dit quelques mots de la nécessité de mettre fin à des excursions qui lui faisaient

perdre un temps précieux. Léonard ne ré-
pondit rien , il alla trouver Albert , et lui
rapporta tout ce que son père lui avait dit ,
en ajoutant : « Je crains qu'il ne se doute
de quelque chose.

— Ah bah ! tu as toujours peur ,..... lui
répliqua son ami. Après tout , nous ne fai-
sons pas de mal ,.... il n'est pas défendu de
s'amuser.... Demain nous ferons encore une
partie.

— Mais si mon père m'empêche de sor-
tir.....

— Eh bien ! nous partirons plus tôt....

— Est-ce que tu as encore de l'ar-
gent ?......

— Certainement.... d'ailleurs mon oncle
m'a promis de m'en envoyer quand je n'en
aurais plus.... Il dit que les jeunes gens
doivent s'amuser...... et il a raison......

— Eh bien, à demain....

— A notre place ordinaire ; le premier
venu attendra l'autre......

— C'est convenu. »

Le lendemain, Léonard s'éveilla avant le jour et sortit doucement de la maison paternelle. Il ne put s'empêcher de pousser un soupir en passant près de la chambre où ses parents dormaient encore. Etait-ce un pressentiment fatal ou bien un remords qui agitait son cœur ? Lui-même ne pouvait s'en rendre compte.

Il se rendit à une place écartée où Albert lui donnait ordinairement rendez-vous. Son ami ne tarda pas à le joindre, et tous deux prirent le chemin de la ville voisine.

A son réveil, M. Brémont fut tout à la fois surpris et affligé en s'apercevant que son fils n'avait pas tenu compte de ses exhortations salutaires, et qu'il s'était absenté malgré lui. Il se promit bien de lui parler plus sévèrement à l'avenir, et d'employer, s'il le fallait, toute l'autorité paternelle pour le ramener à l'obéissance. Mais la journée s'écoula, et la nuit vint sans que Léonard fût de retour. La plus vive inquiétude se répandit dans le sein de la famille.

M. Brémont courut précipitamment au presbytère, pour demander au curé des conseils et lui exposer les craintes qui le tourmentaient. Celui-ci le reçut avec empressement et s'efforça de ramener la paix dans son cœur, en calmant des alarmes qu'il craignait cependant de voir fondées. Mais, tout en gémissant d'avoir vu ses sages avis imprudemment négligés, il sentait bien que ce n'était pas le moment des récriminations. D'ailleurs les deux jeunes gens pouvaient s'être égarés dans les bois, et il fallait attendre l'issue des évènements pour se prononcer.

Les parents d'Albert étaient aussi fort inquiets. Déjà même M. Durand proposait à M. Brémont de se mettre en route, malgré l'obscurité, pour aller à la recherche de leurs enfants, lorsqu'un paysan du village qui revenait de la ville voisine, accourut tout effrayé , et raconta qu'il avait vu de loin tomber deux hommes dans une carrière profonde, située près d'un sentier de traverse qui , partant de la grande route , conduisait directement à Lormel.

Cette nouvelle jeta la consternation et l'épouvante dans tous les cœurs. Les parents d'Albert et de Léonard se sentirent glacés d'horreur. Ils eurent à peine la force de donner des ordres à leurs domestiques. La terreur enchaînait leur voix.

Cependant une douzaine de garçons de ferme et de paysans se hâtent de courir vers la carrière avec des torches et des bran-cards. On en retire les deux infortunés tout couverts de sang et horriblement mutilés. Une odeur forte annonçait assez que l'ivresse avait causé leur chute. On cherche à les ranimer ; mais il est trop tard : ils ont cessé de vivre !......

A la première nouvelle de cet horrible évènement , le curé de Lormel s'était mis à

la hâte en chemin pour porter quelques secours aux deux victimes, s'il était encore
temps. Il arrive au moment où l'on déposait
sur le bord du précipice leurs cadavres san-
glants..... Il se baisse, et à travers le sang
et la boue qui souillent leur visage, il cherche à distinguer leurs traits..... Soudain il
recule épouvanté : il a reconnu Albert et
Léonard !

Le dimanche suivant, le sermon du pasteur fut empreint d'une mélancolie lugubre
et imposante, et il se fit un silence morne
et profond, lorsque d'une voix émue et
pleine de larmes il prononça ces graves pa-
roles : « Hâtez-vous, le temps fuit, et la
mort vient sans qu'on y pense. »

UNE PROMENADE DU SOIR.

Que le sort de l'homme est triste en ce monde, et combien cependant il est vrai de dire que nous-mêmes sommes les artisans de notre propre malheur ! Entourés de mille objets, occasions d'autant de jouissances si nous savions en profiter, nous usons péniblement notre vie à la recherche d'un bonheur imaginaire ; ce que nous possédons nous déplait, et ce que nous ne possédons pas nous paraît seul désirable.

Jeune, j'ai habité la campagne, et l'habitude me rendait indifférent à ses charmes ; enfermé aujourd'hui dans les rues sales et resserrées de cet immense amas de boue, de ce foyer de corruption, de ce repaire de luttes intestines, de maladies et de discordes qu'on nomme la capitale du monde civilisé, au milieu du fracas des voitures, des cris de la multitude et de la variété des sons discordants qui martyrisent mes oreilles, voilà que je regrette amèrement la privation d'un bonheur auquel j'ai été si longtemps insensible.

« Oh ! qui me donnera, m'écrié-je souvent, alors que, pressé, heurté, coudoyé sans cesse, menacé par mille dangers, j'en veux de bien bon cœur au premier qui s'avisa de bâtir ces prisons étroites, qui me donnera de respirer encore l'air pur et libre des cieux, de jouir encore du spectacle enchanteur de la nature ; de sentir encore, à l'heure du soleil couchant, le souffle du soir ? »

Vains désirs ! Ces jouissances si délicieuses , dont la privation m'a seule révélé tout le prix , me sont aujourd'hui refusées; et ce n'est qu'à de longs intervalles et pendant de courts instants , qu'il m'est encore quelquefois permis de les goûter. Mais aussi avec quelle avidité je m'en abreuve, et combien mon âme s'ouvre amoureusement aux douces impressions qu'elles font naître en moi ! C'est alors surtout que je comprends tout ce qu'une bienveillante Providence a répandu de trésors sur la nature pour embellir un séjour que nos passions rebelles ont rendu si triste.

Vers le milieu de cet été , je faisais , à la chute du jour , une de ces promenades solitaires ; la scène majestueuse et sublime dont j'étais entouré plaisait à mon esprit et me ravissait d'admiration : les monts des alentours se confondaient dans l'horizon tout en feu , et un voile splendide de magnificence semblait jeté sur toute l'étendue des cieux ; le joyeux zéphir, tout chargé de senteurs délicieuses, embaumait agréablement les airs ; les mille variétés d'insectes, dont nos champs abondent, formaient un concert d'une mélodie simple et charmante; et il n'y avait pas jusqu'à l'aboiement lointain des chiens de la ferme, jusqu'aux mugissements des bœufs mêlés aux bêlements des brebis rentrant à l'étable, jusqu'aux coups de hache du bûcheron dans la forêt voisine, jusqu'à la voix rustique du paysan chantant sa gaie ballade au retour d'une journée laborieuse, qui ne contribuassent à m'inspirer, dans leur confus ensemble, mille sensations délicieuses que le cœur sent bien mieux que l'esprit ne les dépeint.

J'étais dans cette situation de l'âme qui prête à tout ce qui nous entoure un charme indéfinissable ; une douce quiétude, un calme délicieux, s'étaient emparés de moi ; aucune corde discordante ne vibrait dans mon sein ; je me sentais en paix avec moi-

même et avec tout le monde ; je ne voyais
dans le genre humain que des amis et des
frères, lorsque je fus tout à coup tiré de
mes rêveries par la rencontre d'un ancien
camarade de collége que j'avais perdu de
vue depuis plusieurs années, et qui, après
une vie orageuse, était enfin revenu demander des jours plus calmes aux lieux qui
l'avaient vu naître, à ceux-là même qui
m'inspiraient les sensations que je viens de
décrire. Tout plein des pensées qui m'occupaient, je ne tardai pas à les ramener dans
notre conversation. « Avec quel plaisir, lui
dis-je, vous devez revoir ces champs témoins des jeux de votre enfance ! ils doivent être pour vous comme ces vieux amis
qu'une longue absence nous rend plus chers
et plus précieux.

— Oui, me répondit-il, si je n'y reve-
nais pas comme le lièvre forcé par la meute,
qui revient mourir à son gîte.

— Rien ne peut vous faire craindre encore ce malheur , et vous avez , pour égayer les longs jours qui vous restent à vivre , le souvenir de vos premiers plaisirs que tout ici vous rappelle.

— Dites plutôt , continua-t-il en poussant un profond gémissement , que j'ai pour les attrister , le contraste de ce que j'étais alors avec ce que je suis aujourd'hui : tout ce que je vois me reporte à cette effrayante comparaison , et chacun de ces objets autrefois si chers me semble une borne placée dans ma carrière pour m'indiquer combien j'y suis avancé , et combien j'ai déjà fait de chemin dans mon laborieux pélerinage.

— Mais c'est ne voir que les ombres du tableau et en dédaigner les plus belles couleurs.

— Je ne sais ce que vous entendez par ces belles couleurs , et j'ignore entièrement où vous pourriez les trouver sur un fond aussi triste. Pour moi, je l'avoue , si , en rentrant ici , j'ai reconnu un instant avec amour ces champs près desquels j'ai passé les beaux jours de l'enfance, cette rivière, cette forêt, en les voyant aujourd'hui encore ce qu'ils étaient alors , j'ai bientôt fait un fâcheux retour sur moi-même ; et , me demandant ce qu'étaient devenues cette chaleur vivifiante de la jeunesse , qui projetait un charme trompeur sur tout ce qui m'environnait ; cette élasticité de mes nerfs , qui me permettait de bondir dans la plaine comme le jeune faon ; cette exubérance d'imagination , de joie , de bonheur et d'espérance , qui me faisait envisager la vie comme un long enchaînement de plaisirs et de jouissances , j'ai été forcé de m'avouer que moi seul avais changé, et je n'ai plus vu , dans chacun de ces muets témoins d'une félicité désormais à jamais détruite , que les sinistres prophètes de ma fin prochaine.

— Eh bien ! mon ami , dans ces mêmes

pensées qui vous affligent, moi je ne vois qu'un sujet de reconnaissance et de joie. Ces champs, cette rivière, ces bois, sont aujourd'hui encore ce qu'ils étaient il y a cinquante ans, et nous seuls avons changé; mais c'est parce que nous seuls aussi sommes créés pour une plus noble existence. Ce changement que vous regrettez, c'est bien moins la mort qu'il nous annonce, que les approches de notre glorieuse éternité. Se plaindrait-il de quitter les haillons de sa misère, le malheureux qui serait appelé à revêtir les insignes de la royauté? Et nous, qu'un Dieu appelle à partager son éternelle félicité, pouvons-nous regretter de quitter une vie mêlée de tant de peines et de tant de chagrins?

— Il fut un temps où je partageais vos convictions religieuses, me répondit-il en levant vers le ciel des yeux que mouillait une furtive larme; mais le tumulte des affaires, mais les intérêts de ce monde, mais les plaisirs , mais les hommes ont détruit en moi les consolantes espérances qu'elles y nourrissaient , et qui , je le sais , embelliraient aujourd'hui d'un charme ineffable les tristes jours qu'il peut m'être donné de vivre encore ici-bas. Mon cœur , usé par mille sensations qui l'ont tour à tour exclusivement agité , ne s'ouvre plus à aucun de ces délicieux sentiments d'amour et d'espérance qui sont la plus douce consolation de la vie , et le remède le plus puissant à tous les maux qu'elle engendre. Le présent seul est tout pour moi maintenant ; et lorsque , accablé par ses rigueurs , je lui demande au moins quelques jouissances , il n'a plus à m'offrir que les regrets du passé et les terreurs de l'avenir. Oh ! plaignez-moi , mon ami , et gardez-vous bien du fatal aveuglement qui m'a perdu. »

Je voulais ranimer sa confiance , l'engager à demander à Dieu par d'ardentes prières ce précieux trésor de la foi qu'il avait si follement dissipé, et dont il sentait si cruellement la perte ; mais trop vivement affecté sans doute d'une conversation qui ravivait toutes ses douleurs, l'infortuné s'éloigna subitement, et me laissa reprendre le cours des pensées bien différentes qui m'occupaient.

L'image de la mort, en effet, n'a rien d'effrayant pour le chrétien, qui n'a pas oublié que le ciel est sa véritable patrie, et qui, chaque jour de sa vie, s'est efforcé d'en mériter les éternelles jouissances. Loin de m'attrister de ses approches dont, plus âgé, j'étais menacé plus encore que mon ami, je les saluai comme les heureux présages de ma prochaine délivrance.

Assis, aux pâles clartés d'un jour expirant, sur les bords élevés d'une rivière qui roulait à mes pieds ses eaux tranquilles, je me félicitai de ces longues années accumulées sur ma tête, qui m'en promettaient bientôt une dernière : « Patience, me disais-

je ;oui , encore un moment de patience ,
et mon exil aura cessé. »

Comme ce jour qui s'éteint , comme ce
soleil qui disparaît de l'horizon , moi aussi
je m'éteins insensiblement et je vais bientôt
disparaître de ce monde ; mais , comme ce
jour encore qui va renaître demain , écla-
tant des feux d'un soleil non moins brillant,
moi aussi je renaîtrai pour vivre d'une nouvelle vie. Si tout ce qui m'environne m'annonce une inévitable mort , tout aussi
m'annonce également une glorieuse résurrection ; encore quelques mois , et ces arbres , aujourd'hui si fiers de leur brillante
parure , en seront dépouillés par les frimats
de l'automne ; encore quelques jours seule-
ment , et ces champs , couverts en ce moment de si riches moissons , ne seront plus
qu'une vaste et aride plaine ; mais au prin-
temps ces arbres reprendront leur vert
feuillage, et ces champs leur admirable fé-
condité ; tout change , tout meurt , tout re-

naît dans la nature : d'aussi consolantes images n'auraient-elles donc été offertes à l'homme que pour le mieux séduire et le mieux tromper ?

Ah ! quand il me serait permis de le craindre, non, je ne consentirais point encore à t'abandonner, aimable et chère espérance de ma résurrection ! Sans toi, misérable jouet du caprice et du hasard, infortunée victime poussée par une irrésistible fatalité vers ce gouffre inévitable où devraient s'engloutir pour jamais mes vices et mes vertus, mes joies et mes peines, mes ennuis et mes plaisirs, mes jouissances et mes privations, je ne connaîtrais plus ni soulagement dans mes souffrances, ni adoucissements à mes chagrins, ni compensations à mes sacrifices, et chaque heure écoulée de ma vie, amenant une illusion détruite, un plaisir évanoui, un malheur sans remède, un regret sans consolation, ferait de ma pénible existence un continuel supplice rendu de moment en moment plus douloureux et plus cruel.

Sois donc toujours présente à mon esprit, ô pensée délicieuse, si nécessaire à mon bonheur ! que ton aimable souvenir ne me quitte jamais ; il sera, pour mon âme, un parfum qui embaumera mon existence ; il doublera la félicité de mes jours prospères ; et si le ciel me condamne à de nouvelles adversités, par lui fortifié, je pourrai encore, même au milieu des plus rudes épreuves, goûter plus de joies et de contentement svéritables que l'incrédule à qui la fortune prodigue ses dons les plus précieux. »

Depuis quelque temps déjà, la nuit avait épaissi son voile sur toute la nature, lorsque je sortis enfin de la douce extase où m'avait plongé la consolante pensée de ma future résurrection ; surpris de me trouver si tard en ces lieux déserts, je me hâtai de reprendre le chemin de la ville, où j'arrivai tout rempli encore des délicieux sentiments de joie et d'espérance auxquels mon âme venait de se livrer avec tant d'amour et de charmes.

Lille, imp. de L. Lefort. 1841.

Collection de Livrets d'encouragement au travail et à la vertu.

—

30 LIVRETS IN–18. DONT 15 AVEC VIGNETTE.

Les * indiquent les Livrets avec vignette.

Prix : 2 fr. 60 c.

Le vrai moyen d'être heureux.
Le seul remède aux désordres de la société.
1.re Communion d'Edouard.
M. Valbert.
La Religion, protectrice du pauvre.
Prosper.
Les deux Frères.
Danger des mauvaises lectures.
La sanctification du dimanche.
Les deux Soldats.
Le secours inattendu.
M. de St.-Aubin.
Les Vœux changés d'objets.
Pourquoi des riches? Pourquoi des pauvres.
Saint Louis de Gonzague.

* Le petit Paul.
* L'Enfant dans les bois.
* Albert et Léonard.
* L'Orpheline.
* Les véritables Défenseurs du peuple.
* L'Hirondelle.
* L'honnête Homme.
* Notre - Dame de Bon - Secours.
* Emile et Edouard.
* Le Chien dans la Seine.
* Thomas Morus.
* La Mère Blanc-d'œuf.
* Ayez pitié du pauvre.
* Michelette ou l'Ange de la prison.
* Julien, le jardinier.

Cette collection est destinée à servir de Livrets de lecture et de récompense aux enfants qui fréquentent les écoles et les catéchismes.

Une histoire courte, intéressante, mise à la portée de leur âge, les amuse, les attache, et laisse dans leur jeune cœur de bons germes, que l'avenir doit développer. Les petits Livrets que nous annonçons rendent, par leur bas prix, cet avantage fort facile à obtenir.

Chaque Livret se vend séparément à tel nombre qu'on désirera. Ceux qui ont vignette et couverture. 10 fr. le cent. Les autres. . . . . 8 fr. —

On peut s'adresser à tous les Libraires où se trouve la Bibliothèque catholique de Lille.